Contents

This course guide has been written
to provide the information needed
to evaluate Objectif Bac.

Published by Collins Educational
An imprint of HarpercollinsPublishers Ltd
77-85 Fulham Palace Road
London W6 8JB

First published 1999

Design by Gregor Arthur

ISBN 0 00 320266 6

The *Objectif Bac* team

Objectif Bac puts advanced French within reach of today's post-16 students

Objectif Bac is the result of extensive research amongst a large number of schools, sixth forms and FE colleges.

Authors	Consultants
Martine Pillette (project leader and lead author) Brigitte Clarke (Book 1) Suzanne Graham (Book 2)	Eileen Velarde Suzanne Graham Kate Townshend

Martine Pillette
Martine is a highly reputed author and has many years' experience as a Head of Department, educational consultant and distance-learning tutor. She is well-known for her practical, no-nonsense approach to language teaching. Her recent publications for Collins Educational are *Bridging the Gap in French at 16+*, *Developing Dictionary Skills in French* and *Collins Tips for Busy Language Teachers*.

Brigitte Clarke
Brigitte is an experienced teacher of A level French at Maidstone Grammar School for Girls.

Suzanne Graham
Suzanne now works as a lecturer at the University of Portsmouth and has many years' experience as a modern languages teacher. Her MA/PHD studies encompassed a project looking at the problems students encounter when embarking on their sixth-form studies. She also went on to author *Effective Language Learning* published by Multilingual Matters.

Eileen Velarde
Eileen has more than 30 years of teaching experience within a variety of institutions, including a Direct Grant grammar school, an 11-18 city comprehensive and a very large tertiary college. With her extensive experience as Chief Examiner for a major examining group, she has also developed a strong reputation for providing practical, accessible INSET for teachers and advice for students sitting advanced level exams up and down the country.

Kate Townshend
Kate has many years of teaching experience and is now Head of Department at Moorside High School in Staffordshire. She plays a leading role in ALL on a local level and has authored many resources, particularly in the field of modern languages and ICT.

We are also very grateful to Bernard Dyer of Beal High School, and his students, for reviewing the *Objectif Bac* materials.

The Collins solution to advanced French studies

Objectif Bac : a resource to:

- Ease the transition to post-16 studies
- Provide meaningful and memorable grammar learning
- Ensure progression and improvement

- Motivate and inspire, enabling students to develop their own independent thought
- Focus on skills, teaching pupils how to learn
- Offer flexible, teacher-friendly support

| Prior to Year 12/ first few weeks of Year 12 | Year 12 AS level | Year 13 A Level |

Also recommended:

 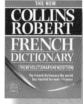

Why a new course?

Perfect for teachers...

Objectif Bac has been written to address the requirements of the new AS/A level syllabuses. It has also been written in answer to teachers' demand for a course that:

- does far more than pay lip service to 'bridging the gap' post-16
- contains well structured, realistic tasks
- teaches students how to work more effectively and more independently
- provides models to help students in their studies
- treats topics successfully without a plethora of long, difficult texts
- takes a fresh, challenging look at traditional syllabus topics
- truly integrates grammar into the topics
- accepts that the average student has a limited capacity for original thought
- avoids overcrowded pages and endless mini glossaries.

Ideal for students...

As for students, research and experience show that:

- they have difficulty in applying grammar and writing accurately
- they rely too heavily on dictionaries in their reading
- they are scared of listening
- they have difficulty in coping with complex and unfamiliar topics
- transactional work has not prepared them for sharing and discussing ideas orally.

Research also shows that the most successful students are those who have evolved strategies of their own in order to improve their approach to the subject. These strategies are one of the hallmarks of *Objectif Bac*.

Contents of *Objectif Bac*

Unité	Sujets traités	Points langue	Mieux communiquer	Techniques de travail
Objectif Bac 1				
1 *France - Portrait-robot*	Portrait-robot de la France Aspects comparatifs Simple réflexion sur la France	Présent Comparaisons Questions Prononciation: sons -u- et -ou-	Comprendre et expliquer quoi faire S'informer Comparaisons Nombres et statistiques (à suivre)	S'aider du contexte en lecture Lecture rapide: points-clés Identifier des mots individuels à l'écoute Nombres et statistiques à l'écoute
2 *Et moi, dans tout ça*	La personnalité Le look	Imparfait Qui/que Adjectifs Superlatif Prononciation: sons -é-/-è-/-eu- ouvert/fermé	Exprimer des opinions Parler plus	Apprendre du vocabulaire Prédire le genre des noms Suffixes français et anglais Dictionnaire français-anglais: mots à sens multiple Ecrire un paragraphe (structure et précision)
3 *Familles: évolution ou révolution*	Evolution de la famille Relations familiales	Futur Conditionnel présent Impératif Prononciation: sons -tient et -tion	Participer à une conversation Parler des droits et des devoirs Donner des conseils	Apprendre du vocabulaire Familles de mots Prendre des notes à l'écoute Parler à partir de notes
4 *La France par l'info*	Tourisme et voyages Contrôler les enfants Santé économique	Passé composé Infinitif passé Passé composé ou imparfait? Prononciation: intonation des mots individuels	Nombres et statistiques (suite) Exploiter une ressource visuelle (diagramme, etc.)	Mots de liaison Synonymes à la lecture et à l'écoute Prendre des notes sur ses recherches Formation des mots Lire plus vite Résumer en anglais
5 *Stop études*	Programmes scolaires Auto-analyse Changements souhaités	Négations Subjonctif (voudrais /aimerais…) Éviter le subjonctif Adverbes Prononciation: sons -on- et -en-	Participer à un débat Comparer et contraster Demander des opinions Emettre des suggestions	Mots de fréquence Dictionnaire anglais-français: mots à sens multiple Planifier un travail écrit
6 *Bonjour, l'avenir*	Pourquoi faire des études? Stages et petits boulots Regard sur la vie active	Conjonctions + subjonctif Souhait + <<qui/que/où>> + subjonctif Prononciation: voyelles courtes	Ecrire une lettre officielle Participer à une interview Exprimer ses intentions Exprimer souhaits et éventualités	Retravailler un brouillon Ecrire une bonne introduction
7 *Quelles nouvelles?*	Les nouvelles dans le journal et à la radio Opinions personnelles sur les journaux	Plus-que-parfait Pronoms d'objet direct Passif Préposition + infinitif Prononciation: liaisons	Rapporter des événements Registre parlé/écrit	Traduire en anglais Enchaînement d'une phrase à l'autre Comparer des ressources parlées et écrites Semi improvisation orale Ponctuation
8 *Santé: les temps modernes*	Maladies et médecine des temps modernes	Subjonctif (expressions impersonnelles) et comment l'éviter Infinitifs utilisés comme noms <<Ça rend/fait>> Pronoms <<dont>> et <<en>>	Exprimer opinions et croyances Donner des définitions	Dictionnaire monolingue: recherche de synonymes Comparer différentes ressources écrites Traduction guidée en français
9 *La ville en mutation*	Les villes changent La campagne se vide Le logement	Subjonctif (doute et émotion) Pronoms <<moi, toi…>> Pronom <<y>> Prononciation: sons -o- ouvert et -au-	Activités de simulation Exprimer la déception Se plaindre Exprimer le besoin	Mieux réviser Réduire l'emploi du dictionnaire Résumer en français

Unité	Sujets traités	Points langue	Mieux communiquer	Techniques de travail
10 *Planète grise*	La pollution urbaine et rurale Les problèmes liés aux transports urbains	Expressions impersonnelles Pronoms d'objet indirect Participe présent Prononciation: son [j]	Evaluer des faits et opinions Suggérer des alternatives	Ecoute: comment aborder un passage assez long Conclure une rédaction Conseils d'examen (écoute et lecture)
11 *Besoin de vacances?*	Préférences-vacances Etude comparative Les vacances et la nature Vacances-jeunes	Recycler les Unités 1-10 à travers le thème des vacances Conseils d'examen (oral et écrit)		

Objectif Bac 2

Unité	Sujets traités	Points langue	Mieux communiquer	Techniques de travail
1 *Gagner sa vie*	L'évolution de l'emploi Travailler à son compte Travailler à distance Les horaires diminuent	Le subjonctif présent: conjunctions + rappel Les pronoms relatifs: rappel + <<ce qui/ce dont...>> Lier les sons à l'écriture	Développer un argument (registre écrit et parlé) Exprimer le besoin	Mieux écouter Apprendre la grammaire Se préparer pour un débat
2 *Un avenir pour tous?*	Le chômage La jeune délinquance	Le conditionnel passé L'infinitif passé Le point sur les voyelles (+ la phonétique)	Citer une source ou un exemple De l'impossibilité à la certitude	Mieux parler Les registres de la langue parlée
3 *La France dans le monde*	L'image de la France dans le monde La France et l'Union européenne La francophonie La décolonisation	Le passé simple Le pronom <<y>> (verbes + à) Prononciation: son -r-	Planifier une rédaction (rappel) Donner des explications	Mieux lire Apprendre par cœur
4 *Le progrès à pas de géant*	Science: la génétique Progrès technologiques	L'usage du subjonctif <<(qui/que/quoi que)>> Les allégations (conditionnel) Bien rythmer une phrase	Concéder certains arguments Accord et désaccord	Mieux écrire Mieux évaluer son travail
5 *Français? Oui...et non*	L'immigration Intégration ou malaise	Le subjonctif parfait <<Il lui/leur est>> + adjectif Expressions + inversion	Conclure un argument Emettre des suggestions	Mieux réviser Dictionnaires monolingues
6 *Valeurs d'aujourd'hui*	Croyances d'aujourd'hui Aider les autres	L'accord du participe passé avec les pronoms Préposition + pronom relatif Décrire le passé par le présent	Comparer et contraster Convaincre	Conseils d'examen: la lecture et l'écoute
7 *Question d'image*	La force médiatique Le marketing se vend bien	Le futur antérieur *Should, could*, etc.	Exprimer croyances, souhaits et regrets	Conseils d'examen: l'oral et l'écrit
8 *La culture à toutes les sauces*	La télé: l'amour ou la haine La chanson a son mot à dire Image et grands projets Loisirs et culture			

The *Objectif Bac* approach

your questions answered

How does *Objectif Bac 1* help 'bridge the gap' between pre-16 and post-16 studies?

The early units are noticeably simpler in terms of vocabulary, grammar, topics and source material. As with the material in *Bridging the Gap in French at 16+*, also by Martine Pillette and published by Collins, students are made gradually more aware of the new approaches and demands involved in their post-16 studies. Examples help students work collaboratively while strategy boxes detail learning techniques or explain the merits of specific task styles. The contents and nature of the tasks are carefully controlled to ensure that all students can find enough to contribute at all times.

Why not start the year with nothing but solid pre-16 grammar revision?

Grammar is one of the key priorities of *Objectif Bac*. Research, however, shows that the effects of intensive, decontextualised grammar teaching are short-lived, as such an approach guarantees neither sustained understanding nor adequate use. This is why *Objectif Bac* fully integrates pre-16 grammar into appealing topics, so as to make practice tasks directly relevant.

Some of my students are much weaker than others. How will they cope?

The level of guidance provided in the rubrics and strategy boxes, the highly structured nature of many tasks and the frequent cross-referencing ensure that no student is left behind. At the same time, the open-endedness of a number of tasks ensures that students can perform at a variety of levels.

Pre-16 competence rarely goes beyond stilted communication. What does *Objectif Bac* do about this?

One of the aims of the early units is to show students that they are, in fact, capable of communicating more than they may think. Many tasks are devised to show students how to use previously acquired knowledge - however limited - more effectively and in a wider context. To that effect, some of the tasks follow a format used successfully in *Bridging the Gap in French at 16+*.

Some students are shy or have little to say for themselves. What is the answer?

We know that providing plenty of speaking tasks is not enough to make students speak. This is why you will often find examples, useful phrases and strategies aimed at facilitating pair or group interaction. Where students have to discuss topics that may go beyond their personal experience, we ensure that through reading and listening, they have come across sufficient facts and ideas to enable them to shape their own thoughts and opinions.

Are most of the tasks text-based?

No. Our starting point has been the carefully selected unit objectives as opposed to using texts at any cost just because they were available. Task sequences - may start with brainstorming using a photo, or a list of phrases, a brief recording as a stimulus.

Does the trend for authenticity mean that students have to struggle with unrealistically difficult text?

Authentic facts are a must, but so is the need for progression and common sense. This is why *Objectif Bac* combines authentic resources with scripted material. Through careful text selection and task structure we've also managed to avoid lengthy, demotivating glossaries next to reading passages! Three mixed-topic units (1, 4, 7) focus more particularly on extensive reading.

As with reading, students can be put off by lengthy, difficult listening passages.

Which is why, in *Objectif Bac*, the recordings are tailored to the needs of the students and the various listening skills that need to be developed. The nature of each passage is closely linked to the demands of the task, from identifying detail to summarising main points. Because length and difficulty do not necessarily go together, you will find passages of varying length in every unit.

The grammar boxes in the *Objectif Bac* units explain grammar in French. Is it not the case that a few well-chosen words of English can be more effective?

This may occasionally be the case - and the grammar summary at the back of *Objectif Bac* is written in English. Do not forget, however, that many grammatical terms are fairly similar in French and in English and that pre-16 students are now immersed in the target language more than was the case in the past. *Termes grammaticaux* (140) offers a bilingual glossary of the key terms.

What are the techniques de travail boxes for?

They suggest how to learn or revise better, how best to carry out collaborative work, how to perform better in each skill area or in specific task styles and how to perform better in exams. They aim to show students that the way they approach the subject matters just as much as the amount of work they do.

What does *Objectif Bac* do to reduce students' reliance on dictionary use?

A number of rubrics and strategy boxes restrict dictionary use - sometimes through imposing a time limit - and/or explain how to minimise it. Of course, students are also taught how to use dictionaries better and quicker.

Post-16 students never seem to know how much or how little vocabulary to learn. They feel lost without lists of words.

The way many of the language-building tasks are devised helps students identify what minimum core of vocabulary should be learnt. Tasks are frequently inter-linked within a topic/subtopic or involve recycling across units, making vocabulary learning and revision less painful. Some tasks and strategy boxes show students how to build up their vocabulary.

Apart from Instructions p. 176, why isn't there a glossary at the back of the Student's Book?

A French-English glossary would go against the grain of what many of the *Objectif Bac* tasks seek to achieve - in terms of developing effective reading skills, for example. An English-French glossary could dissuade students from reusing the key language presented and exploited in the units and could not begin to anticipate every need. Where students do have additional needs, they can practise expressing themselves in a different way or they can, of course, put their dictionary skills to the test.

The topics selected for *Objectif Bac* are obviously in line with syllabus requirements. Do they therefore contain the usual doom and gloom?

'Every cloud has a silver lining' and we did our best to look at the 'heavier' topics in a constructive light. Because, however, the serious aspect of some topics cannot be ignored, *Objectif Bac* relies on its communicative approach and on a variety of dynamic task styles to keep students active and smiling.

Knowledge of society is an important dimension of exam syllabuses. Does *Objectif Bac* take this on board?

As much as possible, both to answer syllabus needs but also because, without reliable facts, students cannot develop their thinking and justify their opinions. *Objectif Bac* also provides the necessary language for integrating factual knowledge into essays and presentations.

We have fewer timetabled lessons than in the past. Does *Objectif Bac* leave time for anything else?

Yes. *Objectif Bac* has been devised to provide 5-6 hours' work per week, including time to be devoted to private study. The last unit of book 1 doesn't introduce many new objectives and can, to a large extent, be done independently.

Is a lot of teacher preparation needed?

No! One of our priorities in writing *Objectif Bac* has been to anticipate students' needs at every corner. We cater for those needs through careful task structure and through clear, simple advice in the Student's Book and in the Teacher's Notes.

What evaluation opportunities does *Objectif Bac* offer?

Each unit ends with a *Bilan* page which summarises the main objectives in terms of productive outcomes, suggests remedial measures for those students who need them and provides a choice of end-of-unit tasks. Some of the *Bilan* pages also contain advice for revision or for exam preparation.

Do you have any suggestions regarding ICT?

Many dimensions can be successfully integrated into your students' work. Some internet sites and CD-ROMs (*Autolire*, Collins Educational) can provide material useful for coursework. Students can wordprocess pieces of writing that are to be redrafted. E-mail is useful for links with schools abroad. If you have a scanner, apply *Fun With Texts* or other such packages to some of the *Objectif Bac* articles and tapescripts. Encourage students to share expertise and sources of information among themselves by regular review sessions in the classroom.

Martine Pillette

Martine Pillette

Features of *Objectif Bac*

"On the whole, this is the best 'A' level text I have seen: this is from the point of view of layout, ease of use, integration of grammar and the ideas within it".

The following pages show annotated spreads (reproduced at 80% of actual size) from *Objectif Bac 1 Student's book* and *Teacher's Resource book*, highlighting the particular features that have been incorporated to put advanced French within reach of today's post-16 students.

The accompanying sample cassette includes helpful advice from Martine Pillet on listening activities, along with extracts from *Objectif Bac* tasks.

Progression between *Objectif Bac 1* and *2*

Pages 16-23 show a sample sub-topic from *Objectif Bac 2* to allow you to evaluate the progression between the two levels. *Objectif Bac 2* builds on the solid foundations laid in book 1 by revisiting grammar points through different topics and consolidating the strategies and advice given in Objectif Bac 1. A larger emphasis is placed on preparing students for their exams.

Units broken down into manageable subtopics, with objectives clearly indicated.

Unité 3

Familles: évolution ou révolution?

Sujets traités	Points langue	Mieux communiquer	Techniques de travail
Evolution de la famille **Relations familiales**	**Futur** **Conditionnel présent** **Impératif** **Prononciation:** [sj] (-tient; -tion. . .)	**Participer à une conversation** **Parler des droits et des devoirs** **Donner des conseils**	**Apprendre du vocabulaire** **Familles de mots** **Prendre des notes à l'écoute** **Parler à partir de notes**

1 Mettez tous en commun des noms et adjectifs souvent associés à la famille (sécurité, autorité. . .).

2 **A** Lisez cet extrait (*Les parents terribles*, Jean Cocteau, 1938) et situez la scène: quel lien existe-t-il, d'après vous, entre Yvonne, Léo et Michel? Décrivez l'atmosphère et la personnalité d'Yvonne et de Léo comme vous les imaginez.

> YVONNE: Léo, où cet enfant a-t-il couché? Comment ne se dit-il pas que je deviens folle? . . . Comment ne me téléphone-t-il pas? Enfin, ce n'est pas difficile de téléphoner... .
>
> LÉO: Cela dépend. S'il faut mentir, les êtres propres, neufs, maladroits comme Michel, détestent le téléphone.
>
> YVONNE: Pourquoi Mik mentirait-il?
>
> LÉO: De deux choses l'une: Ou bien il n'ose ni rentrer, ni téléphoner. Ou bien il se trouve si bien ailleurs qu'il ne pense ni à l'une ni à l'autre. De toute manière, il cache quelque chose.
>
> YVONNE: Je connais Mik. Tu ne vas pas m'apprendre à le connaître. Oublier de rentrer, il n'en est pas question. Et, s'il n'ose pas prendre le téléphone, c'est peut-être qu'il court un danger mortel. Peut-être qu'il ne peut pas téléphoner.
>
> LÉO: On peut toujours téléphoner. Michel peut et ne veut pas téléphoner.
>
> YVONNE: Depuis ce matin tu es drôle, tu as l'air trop calme. Tu sais quelque chose.

B Improvisez une scène à deux: vous êtes un couple, il est tard et votre enfant n'est pas rentré(e).

Motivating look and feel avoids the doom and gloom of text-heavy pages

Nouvelles familles

 1 **Nouvelles familles, nouveau langage**

A Traduisez **1–7** en vous aidant des explications enregistrées.

1 un ménage
2 les tâches domestiques
3 une naissance hors mariage
4 une famille recomposée
5 une famille monoparentale
6 la cohabitation
7 une femme au foyer

B Essayez à plusieurs de réexpliquer le vocabulaire ci-dessus.

 2 **A** Notez les facteurs (économiques, sociaux, médicaux. . .) qui, d'après vous, ont beaucoup contribué à l'évolution de la famille depuis 30 ou 40 ans.

B Ecoutez les trois interviews. Cochez les facteurs de votre liste si vous les entendez et ajoutez les autres facteurs mentionnés.

C Réécoutez les interviews **1** et **2** pour trouver des expressions synonymes de celles-ci:

interview 1	interview 2
l'emploi des femmes	moins de tabous sur le sexe
les responsabilités de la famille	au niveau des finances
les devoirs des parents	
sur le plan de l'affection	

Techniques de travail

Familles de mots
L'activité 2C utilise: parent – parentaux   famille – familiales

- Pour apprendre plus de vocabulaire – et plus facilement – vous pouvez apprendre plusieurs mots de la même famille (nom, adjectif, verbe. . .):
  enfant – enfantin – enfanter
- Certaines familles de mots ont plusieurs noms, verbes ou adjectifs:
  familial – familier
- Apprenez aussi à reconnaître les préfixes les plus communs:
  commencer – recommencer
  faire – défaire
  acceptable – inacceptable
- **Attention**: le préfixe **in-** se change en **im-** devant les lettres **-b-**, **-m-** et **-p-**:
  mangeable – immangeable
  buvable – imbuvable
- N'oubliez pas les parallèles entre le français et l'anglais (activité 3B p20).

32 *Unité 3* **Familles: évolution ou révolution?**

3 Les auteurs des extraits ci-dessous expliquent si, d'après eux, les générations précédentes étaient plus heureuses. En les lisant, relevez un mot de la même famille que les mots suivants (mettez les verbes à l'infinitif).

> **tromper**   **tricoter**   **fumer**   **lire**   **se méfier**   **solide**   **la nostalgie**
>
> **réel**   **nouveau**   **stable**   **naître**   **mourir**   **une conclusion**
>
> **nécessaire**   **interdire**   **rejeter**   **estimer**

Voir le passé en rose est très trompeur. Les enfants occupés calmement près de la cheminée, la mère tricoteuse, le père fumeur de pipe et lecteur assidu du journal. . . il faut traiter tout cela avec beaucoup de méfiance. On a facilement l'impression que la cellule familiale était plus forte que maintenant, mais à mon avis cette solidarité était essentiellement basée sur des conventions avec, au départ, le père de famille qui régnait en maître absolu.

Ceux qui portent un regard nostalgique sur la famille d'autrefois ont simplement du mal à s'adapter à la réalité. Il est vrai que tout change – et vite – mais ceci n'est pas une nouveauté. Si la famille d'autrefois connaissait une stabilité qui est plus rare de nos jours, c'est simplement parce qu'on vivait dans un univers plus restreint, en restant souvent dans la même ville ou le même village de la naissance à la mort. Et ce qui bien souvent maintenait l'unité de la famille n'était rien d'autre que préjugés et conventions.

```
Je sais qu'il est facile de conclure que le passé est
qualitativement supérieur au présent mais, en ce qui
concerne la famille, je pense que c'est tout à fait
vrai. Evidemment, on n'arrête pas le progrès, mais le
bonheur nécessite au départ une harmonie familiale qui
se fait de plus en plus rare. Autrefois, la famille
était peut-être basée sur plus de tabous, d'interdits
et de conventions qu'aujourd'hui (pas ou peu de
divorce, le rejet des mères célibataires. . .),
mais au moins elle offrait un facteur d'équilibre
inestimable.
```

> **Careful mix of manageable authentic resources and scripted material**

4 Et vos grands-parents à vous? Pensez-vous que les familles étaient plus heureuses hier qu'aujourd'hui? Discutez-en tous ensemble (imparfait – voir **p24**) puis faites un résumé écrit en quelques phrases.

Mieux communiquer

Participer à une conversation

Ceci n'est pas un débat formel: essayez simplement de parler le plus possible.

- Osez parler. Vous faites quelques fautes? Normal!
- Encouragez les autres à parler (posez des questions) et évitez de les interrompre.
- Réutilisez les expressions rencontrées dans l'Unité 2 pour exprimer des opinions.
- Donnez des exemples concrets (anecdotes sur le passé de vos grands-parents, leur attitude par rapport au présent. . .)

Thoroughly structured tasks

5 Les années 90 ont fait naître un nouveau phénomène dans les familles françaises.

A Voici un titre d'article: *Jeunes: dans le cocon familial*. Essayez d'en deviner le thème.

B Lisez uniquement le sous-titre de l'article (**feuille 1**). Confirme-t-il vos suppositions? Pensez-vous que le ton de l'article va être plutôt positif ou négatif?

C En 10 minutes, lisez l'article et remettez ces résumés de paragraphes dans l'ordre.

a Loin de créer des problèmes supplémentaires dans les familles, les jeunes qui se voient obligés de vivre plus longtemps chez leurs parents ont en fait de meilleures relations avec eux (bien que certains chômeurs coupent totalement les ponts).

b Ce problème est encore plus douloureux dans la mesure où, malgré de longues études, les jeunes diplômés sont souvent obligés d'accepter des emplois de bas niveau pour un salaire très inférieur à celui de leurs parents.

c Pour commencer, on constate que les enfants restent dépendants de leurs parents plus longtemps qu'autrefois, par exemple au niveau financier.

d Depuis leur naissance, les jeunes Français d'aujourd'hui sont marqués par une situation qui affecte aussi bien leur statut économique que leur statut familial.

e Il faut bien comprendre, en effet, qu'avec des salaires de départ aujourd'hui très bas, il n'est plus suffisant de trouver un emploi pour pouvoir se prendre en main.

f De plus, on ne quitte plus ses parents du jour au lendemain. Au contraire, on vit entre deux logements ou on revient à certaines époques de l'année, ce qui minimise les problèmes financiers.

D Le phénomène «cocon» existe-t-il actuellement dans votre pays? Si oui, est-ce pour les mêmes raisons? Connaissez-vous des cas particuliers? Discutez-en tous ensemble.

E Pour une étude plus détaillée de l'article, faites l'activité proposée sur la feuille.

6 Comment la famille va-t-elle évoluer? Ecoutez les phrases **1–5** une ou deux fois sans les interrompre et indiquez simplement si elles contiennent les mots ci-dessous.

1 cause créer fera

2 celui intégrer enfant gens l'essence

3 devant commune plus

4 conflits comme faux

5 avez conscient science

Techniques de travail

Mieux écouter
A l'écoute, la compréhension est difficile si on a du mal à distinguer les sons qui se ressemblent ou les mots individuels. C'est pourquoi il est utile de s'entraîner de cette manière.

An applied approach to pronunciation

7 A Réécoutez la dernière phrase (**activité 6**) et faites attention à la manière de prononcer les mots suivants: on utilise le son [sj] et non pas [ʃ].

discus**ssions**	généra**tions**	cons**cient**	pa**tience**	vi**cieu**x

B Entraînez-vous à prononcer les mots ci-dessus puis les phrases ci-dessous à l'aide des modèles enregistrés.

Pourquoi toutes ces discus**sions** entre généra**tions**?

Ce manque de cons**cien**ce profes**sion**nelle me rend sou**cieux**.

Ce cercle vi**cieux** me rend impa**tient**, mon**sieur**.

Cette pas**sion** obses**sion**nelle est sans solu**tion**.

8 A Ecoutez l'enregistrement et donnez-lui un titre.

Point langue

Le futur ▶▶ *pp000*

- Verbes en **-er/-ir**: infinitif + **-ai**, **-as**, **-a**, **-ons**, **-ez**, **-ont**: je finirai, tu finiras. . .
- Verbes en **-re**: infinitif sans le **-e** final (prendr-) + **-ai**, **-as**, etc.: je prendrai, tu prendras. . .
- Verbes irréguliers:

aller	(j'irai. . .)	envoyer	(j'enverrai. . .)	recevoir	(je recevrai. . .)
avoir	(j'aurai. . .)	être	(je serai. . .)	savoir	(je saurai. . .)
courir	(je courrai. . .)	faire	(je ferai. . .)	venir	(je viendrai. . .)
devoir	(je devrai. . .)	pouvoir	(je pourrai. . .)	voir	(je verrai. . .)

- devenir/revenir ◀━━▶ venir
  revoir ◀━━▶ voir
  renvoyer ◀━━▶ envoyer
  défaire ◀━━▶ faire
- acheter (= compléter): accents ━▶ j'achèterai. . .
  jeter: **-tt-** ━▶ je jetterai. . .
  appeler (= se rappeler): **-ll** ━▶ j'appellerai. . .
  Verbes en **-ayer/-oyer/-uyer** (payer, employer, appuyer): je payerai. . . ou je paierai. . .
- «Quand» + idée de futur: notez la différence entre l'anglais et français:
  I'll have children when I am 30 – J'aurai des enfants quand j'aurai 30 ans.

Grammar is carefully integrated into topics, making revision and extension of pre-16 grammar more meaningful and memorable

B Réécoutez l'enregistrement et notez les verbes au futur.

C En quelques phrases, résumez l'enregistrement sans le réécouter, à l'aide des notes ci-dessous. Variez les verbes (pas toujours «être»!) et utilisez essentiellement le futur. Commencez ainsi: **D'après l'interlocutrice**, . . .

– Mariage – retrouver popularité? Non: rejet plus prononcé, mais couple plus solide.
– Cause: réaction au taux de divorce actuel.
– Nouveaux contrats ◀━━▶ bien-être des enfants
– Famille plus solide/large/unie – rôle des grands-parents, etc.

Pour plus de pratique sur le futur, passez à la **feuille 2**.

Unité 3 **Familles: évolution ou révolution?** **35**

A student-friendly evaluation page at the end of each Unit.

Bilan

⬤ Entre autres choses, vous devriez maintenant savoir mieux:

– exprimer vos opinions sur la famille
– utiliser le futur et le conditionnel
– donner des ordres et des conseils
– prendre des notes à l'écoute pour parler ensuite
– participer à une conversation

Si vous êtes satisfaits de vos progrès, passez immédiatement aux activités ci-dessous.

Sinon, voici quelques suggestions:

Remedial measures provided for those students who need them

– futur et conditionnel – exemples:
  Bonnes résolutions - J'essaierai de ranger ma chambre plus souvent.
  Si. . . – Si j'étais plus patiente, je me disputerais moins avec mes parents.
– impératif – donnez dix conseils à un(e) ami(e) qui rend la vie de ses parents impossible.
– prendre des notes à l'écoute – une personne donne une réaction à une des cartes de la **feuille 4**. Les autres la résument sous forme de notes et comparent leurs notes, qui doivent être à la fois brèves mais détaillées. Après six à huit réactions, recomposez les phrases à partir de vos notes.

A Ecrivez une «Lettre ouverte aux parents d'aujourd'hui». Mettez-y des critiques, des conseils, des souhaits. . .

Choice of end-of-unit task.

B Quelles idées vous inspire cette bande dessinée en ce qui concerne la famille? Préparez-vous à parler seuls une à deux minutes ou à en discuter à plusieurs.

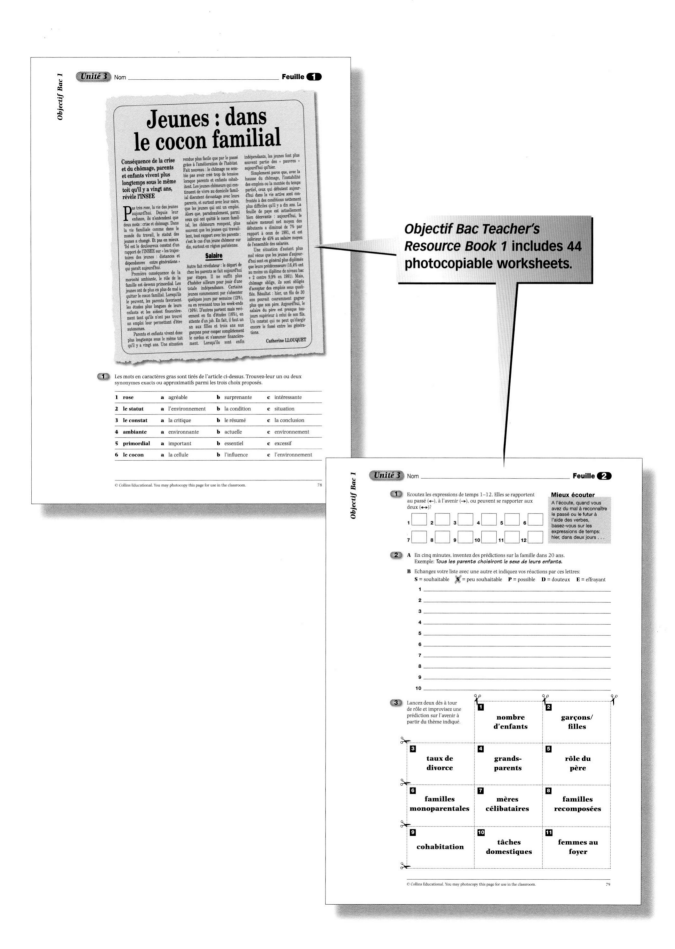

Jeunes : dans le cocon familial

Conséquence de la crise et du chômage, parents et enfants vivent plus longtemps sous le même toit qu'il y a vingt ans, révèle l'INSEE

Pas très rose, la vie des jeunes aujourd'hui. Depuis leur enfance, ils n'entendent que deux mots : crise et chômage. Dans la vie familiale comme dans le monde du travail, le statut des jeunes a changé. Et pas en mieux. Tel est le douloureux constat d'un rapport de l'INSEE sur « les trajectoires des jeunes : distances et dépendances entre générations » qui paraît aujourd'hui.

Première conséquence de la morosité ambiante, le rôle de la famille est devenu primordial. Les jeunes ont de plus en plus de mal à quitter le cocon familial. Lorsqu'ils le peuvent, les parents favorisent les études plus longues de leurs enfants et les aident financièrement tant qu'ils n'ont pas trouvé un emploi leur permettant d'être autonomes.

Parents et enfants vivent donc plus longtemps sous le même toit qu'il y a vingt ans. Une situation

rendue plus facile que par le passé grâce à l'amélioration de l'habitat. Fait nouveau : le chômage ne semble pas avoir créé trop de tension lorsque parents et enfants cohabitent. Les jeunes chômeurs qui continuent de vivre au domicile familial discutent davantage avec leurs parents, et surtout avec leur mère, que les jeunes qui ont un emploi. Alors que, paradoxalement, parmi ceux qui ont quitté le cocon familial, les chômeurs rompent, plus souvent que les jeunes qui travaillent, tout rapport avec les parents : c'est le cas d'un jeune chômeur sur dix, surtout en région parisienne.

Salaire

Autre fait révélateur : le départ de chez les parents se fait souvent par étapes. Il ne suffit plus d'habiter ailleurs pour jouir d'une totale indépendance. Certains jeunes commencent par s'absenter quelques jours par semaine (12%), ou en revenant tous les week-ends (16%). D'autres partent mais reviennent en fin d'études (16%), en attente d'un job. En fait, il faut un an aux filles et trois ans aux garçons pour couper complètement le cordon et s'assumer financièrement. Lorsqu'ils sont enfin

indépendants, les jeunes font plus souvent partie des « pauvres » aujourd'hui qu'hier.

Simplement parce que, avec la hausse du chômage, l'instabilité des emplois ou la montée du temps partiel, ceux qui débutent aujourd'hui dans la vie active sont confrontés à des conditions nettement plus difficiles qu'il y a dix ans. La feuille de paye est actuellement bien décevante : aujourd'hui, le salaire mensuel net moyen des débutants a diminué de 7% par rapport à ceux de 1991, et est inférieur de 45% au salaire moyen de l'ensemble des salariés.

Une situation d'autant plus mal vécue que les jeunes d'aujourd'hui sont en général plus diplômés que leurs prédécesseurs (16,4% ont au moins un diplôme de niveau bac + 2 contre 9,9% en 1991). Mais, chômage oblige, ils sont obligés d'accepter des emplois sous qualifiés. Résultat : hier, un fils de 30 ans pouvait couramment gagner plus que son père. Aujourd'hui, le salaire du père est presque toujours supérieur à celui de son fils. Un constat qui ne peut qu'élargir encore le fossé entre les générations.

Catherine LLOUQUET

1 Les mots en caractères gras sont tirés de l'article ci-dessus. Trouvez-leur un ou deux synonymes exacts ou approximatifs parmi les trois choix proposés.

		a	**b**	**c**
1	rose	agréable	surprenante	intéressante
2	le statut	l'environnement	la condition	situation
3	le constat	la critique	le résumé	la conclusion
4	ambiante	environnante	actuelle	environnement
5	primordial	important	essentiel	excessif
6	le cocon	la cellule	l'influence	l'environnement

78

> *Objectif Bac Teacher's Resource Book 1* includes 44 photocopiable worksheets.

1 Ecoutez les expressions de temps 1–12. Elles se rapportent au passé (←), à l'avenir (→), ou peuvent se rapporter aux deux (↔)?

1 ☐ 2 ☐ 3 ☐ 4 ☐ 5 ☐ 6 ☐
7 ☐ 8 ☐ 9 ☐ 10 ☐ 11 ☐ 12 ☐

Mieux écouter
A l'écoute, quand vous avez du mal à reconnaître le passé ou le futur à l'aide des verbes, basez-vous sur les expressions de temps: hier, dans deux jours . . .

2 **A** En cinq minutes, inventez des prédictions sur la famille dans 20 ans.
Exemple: *Tous les parents choisiront le sexe de leurs enfants.*

B Echangez votre liste avec une autre et indiquez vos réactions par ces lettres:
S = souhaitable **N** = peu souhaitable **P** = possible **D** = douteux **E** = effrayant

1 _____
2 _____
3 _____
4 _____
5 _____
6 _____
7 _____
8 _____
9 _____
10 _____

3 Lancez deux dés à tour de rôle et improvisez une prédiction sur l'avenir à partir du thème indiqué.

1 nombre d'enfants	**2** garçons/ filles
3 taux de divorce	**4** grands-parents	**5** rôle du père
6 familles monoparentales	**7** mères célibataires	**8** familles recomposées
9 cohabitation	**10** tâches domestiques	**11** femmes au foyer

79

The recordings are carefully tailored to the needs of the students and to the development of valuable listening skills. Cassettes are fully copiable.

The *Teacher's Resource Book* is designed to reduce preparation time for teachers. It includes concise teacher's notes offering practical advice, as well as answers and tapescript as and when they are needed

Objectif Bac 1

Unité 3 **Familles: évolution ou révolution?**

Page 33

3 Afterwards you can ask students to use the extracts to look for other related words.

Solution
trompeur (deceptive); tricoteuse (knitter); fumeur (smoker); lecteur (reader); méfiance (distrust); solidarité (solidarity); nostalgique (nostalgic); réalité (reality); nouveauté (novelty); stabilité (stability); naissance (birth); mort (death); conclure (to conclude); nécessiter (to call for, to need); interdits (forbidden actions); rejet (rejection); inestimable (invaluable)

4 Encourage students to re-use vocabulary met so far.

Page 34 and Feuille 1

5 For task D, give students time before the discussion to lift useful language from the article and the printed summaries. Also encourage them to re-use vocabulary met earlier in the unit.

Solution
C
Correct order of summaries: d, c, a, f, e, b
E/Feuille 1
1a 2bc 3bc 4ab 5b 6ac

6

1 A mon avis, les problèmes causés par le divorce vont créer un retournement de situation et vont rapprocher les générations futures.
2 Je pense que la cellule familiale va continuer à se désintégrer, parce qu'enfin les gens aiment tellement la liberté individuelle qu'ils perdent le sens des responsabilités.
3 Je pense que la crise de la famille dont on parle, c'est du vent. A toutes les époques on connaît comme une certaine hostilité d'une génération à l'autre, mais il n'y a rien de plus naturel.
4 Moi aussi j'ai certains conflits avec mes parents, mais je vois pas comment on pourrait évoluer si la société minimisait l'importance de la famille. Il faut bien être éduqué par quelqu'un.
5 Vous savez, dans les discussions entre générations, je suis très conscient qu'on n'a plus la patience de s'écouter: c'est un cercle vicieux et je suis soucieux pour l'avenir.

Solution
Tick the following: 1 créer; 2 gens; 3 plus; 4 conflits; 5 conscient

Page 35 and Feuille 2

7

A
Replay activity 6, item 5.

B
– Pourquoi toutes ces discussions entre générations?

– Ce manque de conscience professionnelle me rend soucieux.
– Ce cercle vicieux me rend impatient, monsieur.
– Cette passion obsessionnelle est sans solution.

8

– Le mariage est en déclin et je ne pense pas qu'il retrouvera de sa popularité avant longtemps. Alors qu'autrefois amour et enfants allaient de pair avec l'idée de mariage, le rejet du mariage constaté depuis quelques années sera encore plus prononcé à l'avenir. Cependant, je suis convaincue qu'on trouvera à la place de nouveaux contrats, pour assurer le bien-être des enfants en particulier. Donc, à mon avis, malgré une base juridique différente, le couple redeviendra plus solide, plus responsable. Cela s'expliquera par une réaction au phénomène de divorce qui touche tant de familles actuellement.
Et en fait, je suis assez optimiste. Je pense que la famille, avec ou sans mariage, aura tendance à se solidifier. On finira par reconnaître à nouveau l'importance d'une cellule familiale plus large et plus unie, donc un certain retour à la famille nucléaire. Les grands-parents, les oncles, les tantes, feront à nouveau partie de l'univers de l'enfant, même à distance. Peut-être même par Internet!

Solution
A
Réponse possible: l'avenir de la famille
B
retrouvera; sera; trouvera; redeviendra; s'expliquera; aura; finira; feront

Objectif Bac 2

Unité 1

Gagner sa vie

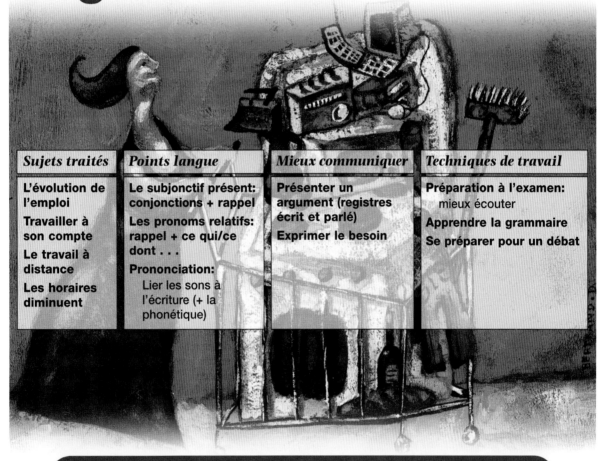

Sujets traités	*Points langue*	*Mieux communiquer*	*Techniques de travail*
L'évolution de l'emploi **Travailler à son compte** **Le travail à distance** **Les horaires diminuent**	**Le subjonctif présent: conjonctions + rappel** **Les pronoms relatifs: rappel + ce qui/ce dont . . .** **Prononciation:** Lier les sons à l'écriture (+ la phonétique)	**Présenter un argument (registres écrit et parlé)** **Exprimer le besoin**	**Préparation à l'examen:** mieux écouter **Apprendre la grammaire** **Se préparer pour un débat**

A la fin de cette Unité vous devrez démontrer:
- **que vous avez une idée assez claire de l'évolution du monde du travail en France**
- **que vous savez exprimer des idées personnelles à ce sujet.**

Parcourez donc l'Unité durant quelques minutes afin de découvrir les sujets traités et de guider vos recherches personnelles – en français ou en anglais – dans ces domaines.

1 Commencez cette Unité par une discussion assez générale.

- Pourquoi travailler?
- Avez-vous l'intention de travailler plus tard? Si oui, avez-vous une idée de ce que vous ferez?
- Qu'est-ce qui motive vos préférences? De quoi dépendront vos choix?
- L'idée d'entrer dans la vie professionnelle vous rend-elle nerveux? Impatient?
- D'après vous, quelle place tiendra le travail dans votre ordre de priorités?
- Pour quelles raisons des personnes de votre connaissance sont-elles heureuses ou malheureuses dans leur travail?

envisager de
to envisage, consider

dépendre de/si . . .
to depend on/if . . .

selon que/suivant que . . .
depending on whether . . .

baser son choix sur . . .
to base one's choice on . . .

attacher plus d'importance à . . .
to grant more importance to . . .

Vivre pour travailler?

1 A deux, dites ce qu'évoquent pour vous les dessins de ces deux pages en ce qui concerne le monde du travail. Résumez vos impressions par écrit (une phrase par dessin).

2 **A** Les citations ci-dessous vous semblent-elles plutôt favorables au travail ou expriment-elles une certaine réserve?

B Avec lesquelles êtes-vous le plus d'accord?

a
L'argent ne fait pas le bonheur.

b
Le travail, c'est la santé.

Le labeur, c'est le bonheur.
c

e
L'argent ne fait pas le bonheur, mais il y contribue.

Vivement la retraite!
d

Le travail, c'est l'épanouissement.
f

h
Le travail ouvre bien des portes.

Pas besoin de carrière pour se valoriser.
g

i
Marginal ou travailleur: il faut choisir.

3 Les expressions qui correspondent aux définitions ci-dessous vous sont données sur cassette. Transcrivez-les puis vérifiez à l'aide d'un dictionnaire.

JE VEUX DU BONHEUR !!!

a Travail illégal, non déclaré
b Méthode de développement des compétences tout en travaillant
c La partie de sa vie passée à travailler
d L'ensemble des individus qui travaillent
e Période qui suit la vie professionnelle
f Une association qui défend les intérêts des travailleurs
g L'action d'offrir des emplois
h L'action de renvoyer des employés
i L'instabilité au niveau du recrutement
j Le fait d'être travailleur indépendant

4 Comprenez-vous les expressions ci-dessous? Discutez-en à plusieurs ou aidez-vous d'un dictionnaire.

horaires **styles de travail ou d'emplois**
argent **relations employés-employeurs**
le patronat **le salaire minimum**
travailler à temps partiel **le télétravail**
les revendications syndicales **les revenus**
le secteur tertiaire **être syndiqué**
une profession libérale
un cadre **avoir des horaires variables**
un conflit salarial **faire les trois-huit**
gagner sa vie **travailler à temps partiel**
faire grève **un contrat à durée déterminée**

Techniques de travail

Apprendre du vocabulaire
RAPPEL

Classer le vocabulaire par catégories aide à l'apprendre. Essayez avec le vocabulaire ci-contre (ex. Personnes/ Argent/ Temps de travail. . .).

Pour vous faciliter la tâche, vous pouvez aussi vous entraîner à faire une phrase pour chacune des nouvelles expressions rencontrées.

5 A Ecoutez l'information sur le travail en France et soulignez les différences (**feuille 1**).

B Réécoutez le passage afin de rectifier les différences.

Techniques de travail

Vocabulaire (EXAMEN)

Dans ce genre d'activité – utilisé dans les examens – les différences portent toutes sur des synonymes. Elles ne concernent pas des éléments d'information mais essentiellement des mots de liaison, adverbes, structures et conjonctions . . . – tout aussi essentiels pour assurer une bonne compréhension. Apprenez donc à bien les reconnaître.

C Ecoutez le passage une dernière fois – mais sans la feuille et sans interruptions – en prenant quelques notes. Ensuite, à plusieurs, mettez oralement en commun les faits que vous avez mémorisés.

Mieux écouter

Préparation à l'examen

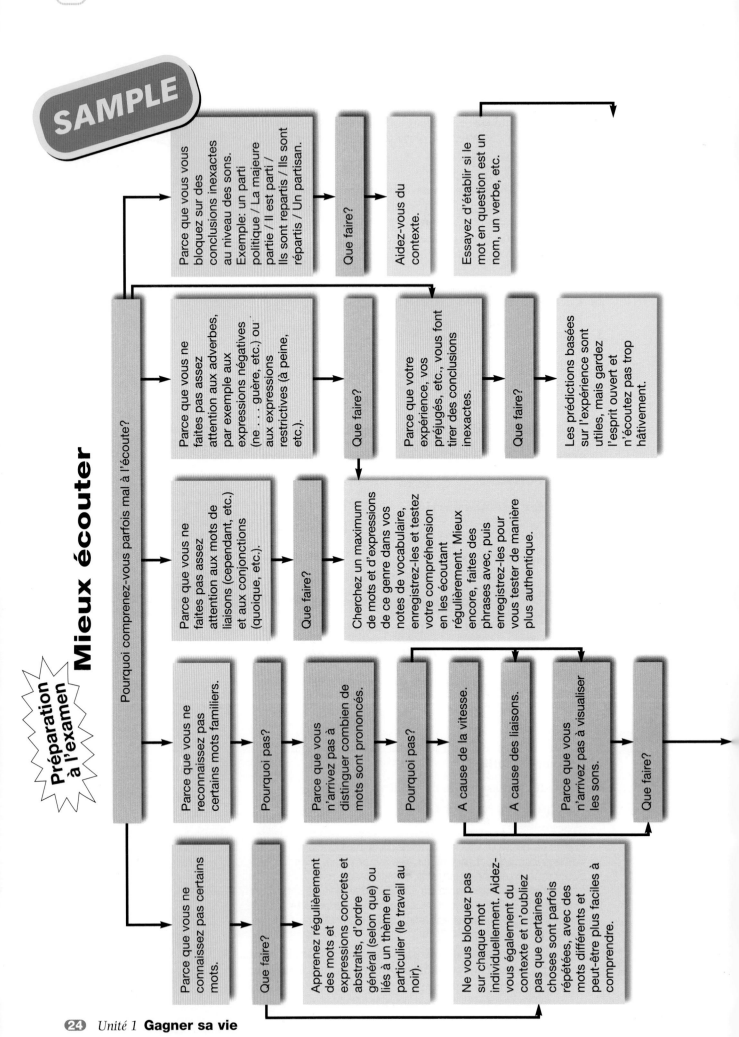

Pourquoi comprenez-vous parfois mal à l'écoute?

Parce que vous bloquez sur des conclusions inexactes au niveau des sons. Exemple: un parti politique / La majeure partie / Il est parti / Ils sont repartis / Ils sont répartis / Un partisan.

Que faire?

Aidez-vous du contexte.

Essayez d'établir si le mot en question est un nom, un verbe, etc.

Parce que vous ne faites pas assez attention aux adverbes, par exemple aux expressions négatives (ne … guère, etc.) ou aux expressions restrictives (à peine, etc.).

Que faire?

Parce que votre expérience, vos préjugés, etc., vous font tirer des conclusions inexactes.

Que faire?

Les prédictions basées sur l'expérience sont utiles, mais gardez l'esprit ouvert et n'écoutez pas trop hâtivement.

Parce que vous ne faites pas assez attention aux mots de liaisons (cependant, etc.) et aux conjonctions (quoique, etc.).

Que faire?

Cherchez un maximum de mots et d'expressions de ce genre dans vos notes de vocabulaire, enregistrez-les et testez votre compréhension en les écoutant régulièrement. Mieux encore, faites des phrases avec, puis enregistrez-les pour vous tester de manière plus authentique.

Parce que vous ne reconnaissez pas certains mots familiers.

Pourquoi pas?

Parce que vous n'arrivez pas à distinguer combien de mots sont prononcés.

Pourquoi pas?

A cause de la vitesse.

A cause des liaisons.

Parce que vous n'arrivez pas à visualiser les sons.

Que faire?

Parce que vous ne connaissez pas certains mots.

Que faire?

Apprenez régulièrement des mots et expressions concrets et abstraits, d'ordre général (selon que) ou liés à un thème en particulier (le travail au noir).

Ne vous bloquez pas sur chaque mot individuellement. Aidez-vous également du contexte et n'oubliez pas que certaines choses sont parfois répétées, avec des mots différents et peut-être plus faciles à comprendre.

SAMPLE

Vitesse

Ecoutez un court passage sans interruptions sans le texte, puis avec le texte, puis à nouveau sans le texte. Ça va déjà mieux?

Ecoutez une dernière fois avec le texte en vous arrêtant pour souligner les passages mal compris. Analysez ensuite les raisons de chaque difficulté de compréhension rencontrée: nombre de mots mal distingués? liaisons? mauvaise visualisation des sons entendus? Réécoutez le passage quelques jours plus tard.

Pratiquez de cette manière avec le passage A (**feuille 2**) puis, de temps en temps, avec des passages de votre choix.

Liaisons

Lisez un passage et essayez de deviner les liaisons que vous allez entendre.

Ecoutez ensuite le passage en question et notez dans le texte les liaisons que vous entendez.

Entraînez-vous à lire le passage à haute voix sans oublier de faire les liaisons.

Ecoutez le passage une dernière fois, mais sans le texte.

Pratiquez de cette manière avec le passage B (**feuille 2**) puis, de temps en temps, avec des passages de votre choix.

Visualiser les sons

Apprenez à reconnaître et à visualiser les différentes orthographes qui peuvent correspondre à un même son. Exemples: *vent/devant; main/rien/sein/tien/pin; sien/science/messieurs/soucieux/pression/action/prétentieux/ patience.*

Apprenez à bien prononcer les mots nouveaux pour pouvoir mieux les reconnaître à l'écoute (chrétien ➡ dentiste ou examen?).

Entraînez-vous à prononcer correctement les mots qui ressemblent à l'anglais - souvent mal reconnus à l'écoute: carrière, statut . . .

Familiarisez-vous avec certains symboles phonétiques (voir listes vers le début de votre dictionnaire) pour apprendre à mieux prononcer. Cherchez par exemple par quels symboles les sons contenus dans vent/devant . . . , main/rien . . . et sien/science . . . sont représentés.

Passez à l'activité C (**feuille 2**).

Bien que le travail soit considéré comme la norme, moins d'un Français sur trois travaille si vous comptez les enfants et étudiants, les inactifs, les chômeurs et les retraités. Ceci équivaut à 43% d'actifs, c'est-à-dire à peine 25,5 millions de travailleurs.

Le nombre de travailleurs étrangers – assez stable depuis 1975 – s'élève à environ 1,6 millions. Ces étrangers – d'ordinaire moins qualifiés et moins rémunérés – sont essentiellement portugais, espagnols, ou originaires d'Afrique noire ou d'Afrique du nord.

En 30 ans, le nombre d'emplois féminins a augmenté de 4,3 millions contre 900 000 pour les hommes, soit huit femmes actives sur dix entre 25 et 49 ans. La création d'emplois de service plutôt que d'emplois physiques explique en partie ce phénomène.

D'un autre côté, il faut cependant signaler l'instabilité des emplois depuis le début des années 80, avec pour résultat la progression d'emplois intérimaires ou à mi-temps. En ce qui concerne le nombre de chômeurs, multiplié par dix entre 1960 et 1996 jusqu'à atteindre 12,1% des actifs, il a heureusement commencé à diminuer à l'approche du troisième millénaire. Pour vous aider à comparer, en 1995, le taux de chômage s'élevait à 11,6% en France, 5,5% aux Etats-Unis, 8,7% au Royaume-Uni, 12,9% en Irlande et 22,7% en Espagne.

Unité 1 Nom _____ **Feuille 2A**

Le poids des employés dans la population active a presque triplé depuis les années cinquante, sous l'effet de l'arrivée massive des femmes sur le marché du travail et de l'essor du secteur tertiaire.

[. . .] Cette progression va de pair avec un élargissement de la catégorie d'employés, qui comprend désormais tous les salariés qui ne sont ni ouvriers ni cadres ni membres des professions intermédiaires (techniciens, agents de maîtrise, infirmiers, instituteurs).

Avec un taux de demandeurs d'emploi de 14,8%, les employés sont plus exposés au chômage que la moyenne de la population active (12,1%), mais légèrement moins que les ouvriers.

[. . .] Alors que la profession est largement féminisée, les promotions à des emplois de cadres, de techniciens ou d'agents de maîtrise sont environ deux fois plus rares chez les femmes que chez les hommes, constate l'étude.

70a

Unité 1 Nom _____ **Feuille 2B**

La durée du temps de travail a beaucoup évolué depuis les années 40. Malgré une baisse dans des proportions importantes, elle est aussi devenue plus individualisée depuis les années 80. Ainsi, les écarts entre secteurs d'activité se sont amenuisés, mais les disparités à l'intérieur de l'entreprise se sont intensifiées. Citons à titre d'exemple que les agents de maîtrise ont à faire des journées plus longues que les cadres. Quant aux hommes, ils sont moins concernés par le temps partiel qui, tout en étant passé de 9% en 1982 à 15% en 1995, les concerne moins que leurs homologues féminines. A cette individualisation du temps de travail correspond une hausse du nombre de salariés déclarant avoir un horaire flexible.

70a

Unité 1 Nom _____ **Feuille 2C**

a Aidez-vous de la phonétique (voir dictionnaire) pour vous entraîner à prononcer les mots ci-dessous. Vérifiez ensuite à l'aide de la cassette.

cueillir *to pick (flowers)* kœjiʀ

la chimiothérapie ʃimjoteʀapi

une cuillère kɥijɛʀ

le cholestérol kɔlɛsteʀɔl

l'apothéose apɔteoz

un bulldozer buldozɛʀ

un quiproquo kipʀɔko

squatter skwatœʀ

un wagon vagɔ̃

un quartette k(w)aʀtɛt

les waters watɛʀ

b Soulignez dans les passages ci-dessus les mots ressemblant à l'anglais, recopiez-les chronologiquement et entraînez-vous à les prononcer correctement. Ecoutez ensuite le passage avec uniquement votre liste devant-vous: les reconnaissez-vous tous?

c Essayez d'identifier les sons qui semblent vous causer des problèmes à l'écoute (ex. . . an/in; an/on; in/on; u/ou; t/d; p/b . . .) et concentrez-vous sur un groupe de sons à la fois. Ecoutez un passage de votre choix et, à chaque fois que vous entendez un des sons, interrompez l'enregistrement et essayez de visualiser le mot en question.

10

Where next?

Evaluate according to *your* needs

1

Extra course guides

This course guide gives you the information you needed to evaluate *Objectif Bac* in your department. If you would like more copies to present to your department, please call 0141 306 3455.

2

Presentations to your department

We will be delighted to organise a presentation of *Objectif Bac* to you and your department, perhaps at a departmental meeting. Please contact your local Collins representative who can discuss your needs and answer any specific queries you and your colleagues may have. If you do not have the name and address of your local Collins representative, please go to page opposite.

3

Approval copies

Objectif Bac is available on approval. We would suggest you request a copy of the Student's book and Teacher's Resource book along with the sample cassette. All titles are listed on the back cover of this guide. Request them using the enclosed FREEPOST order card by calling 08700100 442 or by contacting your local representative.

4

To place an order, either:

- simply complete and return the enclosed order form
- phone: 0870 0100442
- fax: 0141 306 3750
- e-mail: Education@ harpercollins.co.uk
- contact your local representative

If you have a query regarding any of the *Objectif Bac* material, where you would like an immediate response, e-mail us on objectif.bac@harpercollins.co.uk.

Objectif Bac
Puts advanced French within reach of today's students

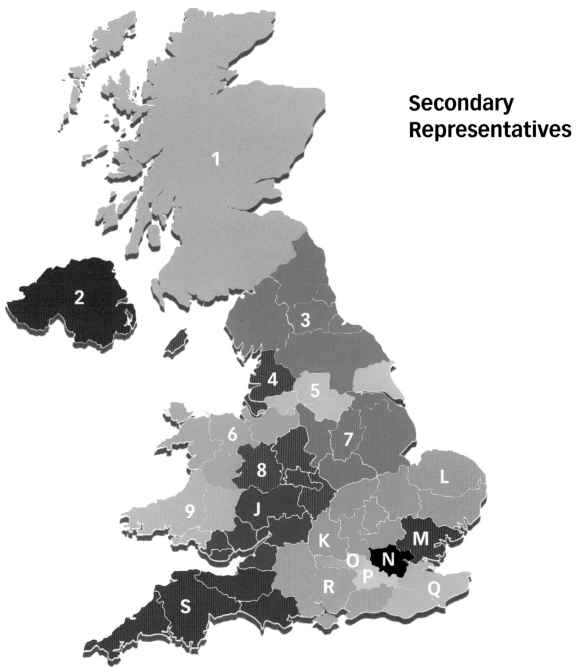

Secondary Representatives

1 Siobhan Williams	● Scotland	0802 596364 ●
2 Pauline Kirkwood	● Northern Ireland	0802 596365 ●
3 Jill Forster	● North East England	0802 596372 ●
4 Dee Prescott	● North West England	0411 193989 ●
5 Dorothy Hannible	● Yorkshire	0802 596357 ●
6 Lucy O'Brien	● Cheshire, North Wales and Powys	0802 596377 ●
7 Ann Price	● East Midlands	0411 193987 ●
8 Jill Patterson	● West Midlands, Staffordshire and Shropshire	0411 193984 ●
9 Alison Slaney	● Carmarthen, Ceredigion and Pembrokeshire	0850 026302 ●
J Sara Roylance	● S Glos, Bristol, Hereford, Worcs and South Wales	0411 193991 ●
K Sally Proud	● NW London, Bucks, Beds, Herts and Oxon	0802 596363 ●
L Jane Church	● East Anglia	0802 596352 ●
M Denise Milbank	● NE London, Greenwich, Bexley and Essex	0802 596359 ●
N	See areas K, M, P, and Q	●
O	See areas P and R	●
P Jean Cooper	● W & SW London, Surrey, Slough and Windsor	0802 596358 ●
Q Sally Sullivan	● SE London, East Sussex and Kent	0802 596348 ●
R Candis Wren	● Central Southern England and IOW	0802 596374 ●
S Sue Wherry	● SW England, Channel Isles and Bath	0802 596360 ●

Objectif Bac

Puts advanced French within reach of today's post-16 students

Future-proof - up-to-date with new post-Dearing syllabus

Inspiring - a fresh look at exam topics helps students to think independently and form their own opinions

Carefully integrated grammar - prevents revision and extension of pre-16 grammar becoming an up-hill struggle

Skills-focused - provides guidance and practical tips for effective and independent learning

COMPONENTS

0 00 320253 4

0 00 320254 2

0 00 320255 0

0 00 320256 9

0 00 320257 7

0 00 320258 5

ISBN 0-00-320266-6

9 780003 202663 >

Collins Educational

An imprint of HarperCollinsPublishers